Inhalt

Branchenreport TOURISMUS Ausgabe 1/2012

Branchenreport TOURISMUS Ausgabe 1/2012

I.Zeilhofer-Ficker

Kernthesen

- Deutschland bleibt Reiseweltmeister; das touristische Reisejahr 2011 erwies sich als äußerst erfreulich und übertraf die positiven Prognosen des Jahresbeginns.
- Die deutschen Reiseveranstalter setzten über neun Prozent mehr um als 2010; auch die Reisebüros erlösten rund zwei Milliarden mehr.
- Das Beherbergungsgewerbe näherte sich der magischen Grenze von 400 Millionen Übernachtungen und sicherte sich den Europameistertitel; die Gastronomie konnte ebenfalls zulegen.

- Das gesamte Fluggastaufkommen übertraf die Vorkrisenzahlen; trotzdem schreiben viele Fluggesellschaften rote Zahlen.

Beitrag

Das Reisejahr 2011

Eigentlich war das Jahr 2011 ja von Krisen geschüttelt - politischer Frühling in Nordafrika, Tsunami und Reaktorunglück in Japan und schließlich die Eurokrise in ganz Europa. Doch die Deutschen reisten mehr denn je und daran konnte selbst der auf ein Riff aufgelaufene Kreuzfahrtriese Costa Concordia nichts ändern. Gleichzeitig hat sich die Branche mit dem neuen DRV-Chef Büchy als Frontmann entschieden, endlich seine wirtschaftliche Bedeutung für das ganze Land deutlicher herauszustellen. Da kamen die Ergebnisse der vom BTW in Auftrag gegebenen und vom Wirtschaftsministerium geförderten DIW-Studie gerade recht: der Tourismus ist in Deutschland wichtiger als der Bankensektor, zumindest was die Wirtschaftsleistung anbelangt. 97 Milliarden Euro Bruttowertschöpfung, 280 Milliarden Euro Umsatz und 2,9 Millionen Arbeitsplätze sprechen für sich. Diese Zahlen stammen aus dem Jahr 2010 und 2011 ist sogar noch besser gelaufen. Trotzdem wird die

Branche von der Politik gerne als Stiefkind behandelt und mit unverhältnismäßigen Zusatzsteuern und Auflagen gegängelt. Luftverkehrsabgaben, Bettensteuern, Hygiene-Ampeln und noch so einiges mehr liegen den Touristikern schwer im Magen. (3), (4), (36)

Im Jahr 2010 waren sieben Prozent aller Erwerbstätigen in Deutschland in touristischen Bereichen beschäftigt. 97 Milliarden Euro Einkommen wurde so geschaffen. Rechnet man indirekte Vorleistungen wie zum Beispiel die Verkäuferin in der Flughafenboutique oder den Maler, der das Hotel renoviert hinzu, lebten sogar 4,9 Millionen Menschen vom Tourismus. 9,7 Prozent der Bruttowertschöpfung wurden damit erzeugt. (36)

Zwei Drittel aller Reisen führten die Deutschen ins Ausland. Dort haben sie 2011 insgesamt rund 60,7 Milliarden Euro ausgegeben (plus drei Prozent zum Vorjahr), also wieder mehr als US-Amerikaner (Rang 2) oder Chinesen (Rang 3). Allerdings wächst die Reiselust der Chinesen schnell. Analysten rechnen deshalb damit, dass der Reiseweltmeistertitel schon in zwei Jahren an China gehen wird. Ein Großteil der Zuwächse in Deutschland stammt von Geschäftsreisenden, die insgesamt neun Milliarden Euro im Ausland ausgaben. Dieser Wert liegt um zwölf Prozent höher als das Vorjahresergebnis und zeigt, dass persönliche Kontakte für eine erfolgreiche

Unternehmenstätigkeit nach wie vor als unverzichtbar angesehen werden. (1), (2), [Abb. 1]

Deutschland blieb mit rund 31 Prozent Marktanteil das beliebteste Reiseziel der Bundesbürger. Da Ägypten und Tunesien nach dem politischen Frühling große Einbußen hinnehmen mussten (zeitweise 30 bis 50 Prozent), wichen viele Urlauber auf andere Länder aus. Vor allem Spanien, die Türkei und sogar Griechenland profitierten davon. Spanien war wieder das mit Abstand beliebteste Auslandsreiseziel vor Italien, der Türkei und Österreich. Unter den Fernreisezielen, die insgesamt einen Marktanteil von knapp 7 Prozent erreichten, blieb die USA die am häufigsten gewählte Destination. (1), (2), (5), [Abb. 2]

Auch die ausländischen Gäste ließen mehr Geld in Deutschland als in den Jahren davor. Mit 27,4 Milliarden Euro (plus 5 Prozent) wurde sogar die Rekordmarke aus dem Jahr 2008 übertroffen. (1), (2), [Abb. 1]

Das Beherbergungsgewerbe freute sich über ein Plus von 3,6 Prozent bei den Übernachtungen auf 394 Millionen. 63,7 Millionen Gästenächte kamen von ausländischen Besuchern, die sich am liebsten in Deutschlands Großstädten umsahen. 41 Prozent dieser Gästenächte wurden in nur 11 deutschen Städten verbracht. (8), (9), (19)

Auch die Gastronomen jubeln über ein

ausgesprochen gutes Jahr 2011. Um 4,1 Prozent stiegen die Umsätze übers Jahr gesehen, wobei die speisengeprägte Gastronomie wesentlich besser abschnitt als die getränkegeprägten Kneipen und Bars. Aber selbst letztere konnten um drei Prozent zulegen. Noch besser sieht es bei den Event-Caterern aus - um 9,7 Prozent höhere Umsätze wurden hier erreicht. Der Umsatz des Gastgewerbes insgesamt entwickelte sich mit einem nominalen Plus von 3,8 Prozent auf 59,5 Milliarden Euro positiv und erreichte damit das Vor-Krisen-Niveau. (8)

Anders als im restlichen Europa erwies sich der Veranstaltermarkt in Deutschland als ausgesprochen erfreulich. Ein neunprozentiges Umsatzplus auf 23,3 Milliarden Euro ist ebenso Rekord wie die 22,4 Milliarden Euro Erlöse, die die Reisebüros erwirtschafteten. Die Kreuzfahrt-Anbieter hatten daran großen Anteil. 1,4 Millionen Gäste verbrachten ihren Urlaub auf dem Meer, dazu kamen rund 500 000 Flussreisende. Insgesamt bescherten sie den Kreuzfahrtveranstaltern 2,9 Milliarden Euro Umsatz, d. h. fast zwölf Prozent mehr als 2010. (1), (6), (7)

198,2 Millionen Ein- und Aussteiger wurden an Deutschlands Flughäfen abgefertigt. Auch hier geht der Trend nach oben - im Vergleich zu 2010 waren es fünf Prozent mehr. Allerdings profitierten nicht alle Flughäfen gleichermaßen von den Zuwächsen - tendenziell stiegen die Passagierzahlen und damit die

Umsätze der großen Drehkreuze, während die kleineren, oft regionalen Airports teilweise schmerzhafte Einbußen verkraften mussten. (10), (11)

In Gesamt-Europa wurden 2011 1,6 Milliarden Übernachtungen, das sind knapp drei Prozent mehr als 2010, gemeldet. Allerdings ist das Bild in den einzelnen EU-Mitgliedsländern sehr differenziert. Während beispielsweise in Bulgarien, den baltischen Ländern und Rumänien zweistellige Zuwächse zu verzeichnen waren, mussten Italien und die Schweiz sogar weniger Übernachtungen hinnehmen als im Vorjahr. Generell wurden mehr Reisen ins Ausland unternommen, im eigenen Land wurde weniger gereist. Dieser Trend bestätigte sich weltweit, d. h. die Menschen auf der ganzen Welt unternehmen mehr Auslandsreisen. Die internationalen Ankünfte stiegen laut UNWTO im vergangenen Jahr um ca. 4,5 Prozent auf einen Wert von 980 Millionen. (12), (13)

Gastgewerbe und Incoming

Deutsche machen gerne im eigenen Land Urlaub - daran änderte sich auch im Jahr 2011 nichts. Über 330 Millionen Mal übernachteten deutsche Gäste in Beherbergungsbetrieben (plus 3,2 Prozent), dazu addierten sich die Übernachtungen ausländischer Gäste in Rekordhöhe. Mit dem Plus von sechs Prozent wuchsen die internationalen Gästenächte in

Deutschland stärker als der weltweite Durchschnitt. In Europa sind 394 Millionen Übernachtungen spitze - kein anderes europäisches Land kann auf mehr Gästenächte verweisen. Die Umsätze stiegen ebenfalls - allein für die Hotellerie auf 18,6 Milliarden Euro. Die Zimmerauslastung lag bei rund 65 Prozent (plus 2,7 Prozent). Der Erlös pro verfügbares Zimmer konnte auf 60 Euro verbessert werden. Da der positive Trend anzuhalten scheint, gehen Branchenvertreter davon aus, dass im laufenden Jahr die magische Grenze von 400 Millionen Übernachtungen überschritten wird. (8), (9), (14), (19)

Die guten Zahlen der Beherbergungsbetriebe sind laut dem Hotelverband IHA größtenteils der Reduzierung des Mehrwertsteuersatzes auf sieben Prozent geschuldet. 860 Millionen Euro konnte die Branche dadurch investieren, Renovierungen und Modernisierungen konnten durchgeführt, Neuanschaffungen getätigt und zusätzliche Mitarbeiter eingestellt werden. (14)

Rund ein Drittel aller längeren Reisen (ab 5 Tagen Dauer) führt zu Zielen im eigenen Land. Dazu kommen drei Viertel aller Kurzreisen (74,2 Millionen Reisen) mit bis zu vier Übernachtungen. Die beliebtesten Bundesländer für Urlaubsreisen sind Bayern, Schleswig-Holstein und Mecklenburg-Vorpommern. Mehr als ein Drittel aller Kurzurlaube führt in die großen Städte. Besonders ausländische

Gäste zieht es in Städte mit mehr als 100 000 Einwohnern. Nur ein Fünftel aller Reisen haben einen geschäftlichen Anlass. (1), (3), (9), (15)

Inlandsgäste gaben insgesamt 241,7 Milliarden Euro auf Reisen aus, das sind 87 Prozent aller touristischen Konsumausgaben. Ausländische Gäste brachten weitere 36,6 Milliarden Euro ins Land.(3)

Der Ausblick auf das laufende Jahr ist gut. Schon in den ersten Wochen wurden die Rekordzahlen des Vorjahres übertroffen. Deutschland als Top-Kongress- und Messeveranstalter allein zieht pro Jahr mehr als 2,5 Millionen ausländische Besucher an. Es gibt keinen Grund, warum das 2012 anders sein sollte. Die meisten internationalen Gäste kommen aus den europäischen Nachbarländern (Niederlande, Schweiz, UK). Sehr dynamisch wachsen die Besucherzahlen aber vor allem aus den Ländern des Ostens sowie der BRIC-Staaten Brasilien, Russland, Indien und China (plus 20,7 Prozent). (9)

Die Anzahl der Beherbergungsunternehmen in Deutschland liegt seit einigen Jahren konstant bei um die 37 000. Nur rund zehn Prozent davon gehören einer Hotelmarke oder Kette an. Aber diese zehn Prozent stehen bereits für über 36 Prozent der Bettenkapazität sowie für über 50 Prozent des Umsatzes. Ein Konzentrationsprozess ist im Gange, weg von der Individualhotellerie hin zu Ketten und Kooperationen, welchen es leichter fällt, Synergien zu heben und Kosten zu sparen. Beim anspruchsvollen Gast punkten individuelle Hotelkonzepte aber mehr. Die in den letzten Jahren entstandenen Boutique-Hotels erfreuen sich großer Beliebtheit. (16)

Die Ketten haben mit ihren eigenen Vermarktungskonzepten und Buchungszentralen einen Vorteil im Verkauf. Da es für Individualhotels kaum Alternativen zu den großen Internet-Buchungsportalen (HRS, hotel.de, Expedia usw.) gibt, sind sie dazu gezwungen, hohen Provisionsforderungen dieser stattzugeben, wenn sie an günstiger Stelle im Internet gelistet werden wollen. Viele Hotels planen eine Stärkung des Eigenvertriebs und evaluieren alternative Buchungskanäle, um der Abhängigkeit zu entfliehen. (17)

Auch für die Gastronomie war das Jahr 2011 ein herausragendes Jahr. Mit einem nominalen Plus von 3,9 Prozent zum Vorjahr war man hoch zufrieden. Vor allem die speisengeprägte Gastronomie sowie die Event-Caterer verbesserten ihre Umsätze erheblich. Die besten 100 Betriebe der Branche erzielten Nettoumsätze von 11,2 Milliarden Euro (plus 5,1 Prozent), der beste Wert seit Jahren. Auch hier dominieren die großen Ketten und Konzerne den Markt. Branchen-Primus McDonalds setzte fast 3,2 Milliarden Euro um, Burger King folgte mit 790 Millionen, LSG mit 714 Millionen und Tank & Rast mit 597 Millionen Euro. Erfolgreich sind aber auch authentische Konzepte mit frischen, natürlichen Zutaten sowie innovative Geschäftsideen. Die traditionelle Stammkneipe tut sich dagegen schwerer, neue Gäste anzuziehen. (8), (18)

Wie die Deutschen reisen

Urlaubsreisen

2011 wurden wie im Vorjahr 69,5 Millionen längere Urlaubsreisen unternommen, dazu kamen noch einmal 78 Millionen Kurzreisen von bis zu 4 Übernachtungen. Drei Viertel aller Deutschen über 14 Jahren waren in Sachen Urlaub unterwegs, fast 61 Milliarden Euro wurden dafür allein im Ausland ausgegeben - zusätzlich zu den über 240 Milliarden Euro im Inland. (5), (19)

Der Trend hin zu kürzeren Urlaubsdauern setzte sich im vergangenen Jahr fort - im Durchschnitt bleiben die Deutschen nun nur noch 10,5 Tage an ihrem Urlaubsort. Allerdings war man bereit, für den kürzeren Urlaub mehr Geld auszugeben - pro Person und Reise wurde ein Durchschnittswert von 868 Euro ermittelt. Bei den genutzten Verkehrsmitteln änderte sich kaum etwas - gut die Hälfte nutzte den PKW, ein weiteres Drittel das Flugzeug und der Rest fuhr entweder Bahn oder Bus. (1), (5), (20)

Die Ziele rund um das Mittelmeer erweisen sich im vergangenen Jahr als austauschbar. Da Ägypten und Tunesien nach den politischen Unruhen kaum gefragt waren, buchten die Urlauber mehr Spanien, die Türkei und sogar Griechenland. Im laufenden Jahr hat sich Tunesien stark erholt, Ägypten dagegen wird nach wie vor wenig nachgefragt. Stark negativ ist die Entwicklung auch in Griechenland, das nach den Anti-Deutschland-Berichten im Rahmen der Schuldenkrise an Imageproblemen leidet. Viele Veranstalter versuchen, die Sommerbuchungen dorthin durch Preisaktionen anzukurbeln. Bei den Fernzielen ist vor allem der Dollarraum gefragt (USA, Dominikanische Republik). (1), (21)

Schwächer als gewohnt läuft nach dem Unglück der Costa Concordia im Januar 2012 das Kreuzfahrtgeschäft. Bei den amerikanischen Marktführern Carnival und Royal Caribbean sind die Buchungen um 15 Prozent zurückgegangen, Costa meldet einen Einbruch von 35 Prozent. Die deutschen Kreuzfahrtreeder allerdings behaupten, von dem Unglück nicht betroffen zu sein. Genaueres wird man in einigen Wochen wissen. Da gerade die Buchungen für 2013 anlaufen, wird bald erkennbar sein, ob die Costa Concordia langfristige negative Auswirkungen auf den Gesamtmarkt hat. (22)

Geschäftsreisen

Im Jahr 2010 war die Zahl der Geschäftsreisen um 6,7 Prozent auf knapp 155 Millionen angestiegen. Die gute wirtschaftliche Lage sowie volle Auftragsbücher erlaubten es den Unternehmen, die Geschäftskontakte zunehmend auch wieder von Angesicht zu Angesicht zu pflegen. Die Geschäftsreisekosten erhöhten sich um 5,7 Prozent auf 43,5 Milliarden Euro. Die Ausgaben pro Geschäftsreisenden und Tag sanken aber auf 127 Euro. (23)

Erste Ergebnisse für das Jahr 2011 zeigen, dass immer weniger Reisende immer mehr Reisen unternehmen. Über die Hälfte aller Geschäftsreisen wurden im vergangenen Jahr als Eintagesreisen ohne Übernachtung durchgeführt. Die Zahl von Reisen, die länger als 4 Tage dauern, verringerte sich deutlich auf nur noch 15 Prozent. Luxushotels werden von Geschäftsreisenden fast ausschließlich nur noch im Ausland gebucht (drei Prozent), der überwiegende Anteil der Geschäftsreisenden (92 Prozent) nächtigt dagegen in 3- bis 4 Sterne-Unterkünften. Bei der Wahl der Transportmittel dürfte sich im vergangenen Jahr wenig geändert haben. (24)

Veranstaltermarkt/Reisebüros/Onli

Reisemarkt

Reiseveranstalter

Neun Prozent höhere Umsätze der Reiseveranstalter - insgesamt 23,3 Milliarden Euro - sind Rekord in Deutschland. Allerdings profitierten nicht alle Veranstalter gleichermaßen von der großen Reiselust. (1), (28), [Abb. 3]

Branchenführer **TUI** wuchs um 9,6 Prozent auf 4,2 Milliarden Euro, der Gesamtkonzern konnte einen operativen Gewinn von 600 Millionen Euro einfahren. Die defizitäre Beteiligung an der Container-Schifffahrt von Hapag-Lloyd verhagelte das Ergebnis. Diese Anteile werden zumindest zum Teil demnächst abgestoßen werden. Für das Jahr 2012 sieht es bei der TUI allerdings nicht rosig aus. Die Winterumsätze werden wohl unter denen des Vorjahres bleiben und auch für den Sommer ist der Buchungsbestand noch zwei Prozent unter den Vorjahreswerten. Nun setzt TUI verstärkt auf den Internet-Vertrieb. Mit der neuen Plattform TUI.com will man Endkunden über Spezialisten-Empfehlungen das Know-How der Reiseverkäufer zur Verfügung stellen. Viele Reisebüros sehen diese Funktion noch skeptisch und befürchten das Abschöpfen ihrer Erfahrung ohne angemessene Vergütung. (1), (22)

Zweitgrößter Veranstalter ist der **REWE**-Konzern mit

einem Gesamtumsatz von 3,1 Milliarden Euro (plus 4,1 Prozent), der mit diesem Ergebnis aber Marktanteile abgeben musste. Der Bausteinbereich (DERTOUR, Meiers und ADAC) wuchs im vergangenen Jahr stärker als die Pauschalmarken I T S, Jahn und Tjaereborg. Laut Geschäftsleitung läuft das Jahr 2012 gut - die Buchungen sollen drei bis vier Prozent über dem Vorjahr liegen. (1), (22)

Ebenfalls Marktanteile verloren hat die **Thomas Cook** Gruppe um Neckermann-Reisen, die zwar 5,2 Prozent höhere Umsätze als im Vorjahr erzielte (3 Milliarden Euro), damit aber unter dem Branchenplus blieb. Während Zentraleuropa, d. h. die deutschsprachigen Länder gut liefen, wurden im britischen und französischen Markt hohe Verluste erzielt. Ein Konzernverlust von 608 Millionen Euro brachte das Unternehmen weiter in die finanzielle Schieflage. Mit insgesamt rund 1,7 Milliarden Euro ist der Konzern verschuldet. Luft verschaffte kürzlich eine Vereinbarung mit den Banken, die dem Konzern bis Mai 2015 Zeit zur Rückzahlung lässt. Die Winterbuchungen des laufenden Geschäftsjahres blieben in Deutschland um vier Prozent zurück, wesentlich stärker sind die Rückgänge im französischen und britischen Raum. Dieser Trend setzt sich für die Sommersaison fort. Immer noch wird Thomas Cook von Interimschef Weihagen geführt, weil sich kein neuer CEO finden lässt. Da frisches Geld zur Entspannung der Finanzlage weiter dringend gebraucht wird, versucht die Konzernführung einige Firmenteile zu verkaufen. Die indische Tochter soll veräußert werden, ebenso eine französische Hotelbeteiligung. 17 bis 19 Flugzeuge werden wohl verkauft und zurückgeleast. Der Verkauf der profitablen Konzernfluglinie Condor sowie des Frankreichgeschäfts ist aber vom Tisch. (1), (22), (38)

Richtig gut geht es dagegen den inhabergeführten Verfolgern FTI, Alltours und Schauinsland Reisen. Die Münchner **FTI**-Gruppe konnte seine Erlöse um 24 Prozent auf 1,47 Milliarden Euro steigern. Auch das neue Jahr läuft gut, wenn auch nicht ganz so dynamisch wie das vergangene. **Alltours** legte knapp 13 Prozent zu und meldet für das laufende Jahr, die Buchungen lägen über dem Plan, der um sieben Prozent höhere Umsätze vorsieht. **Schauinsland** Reisen verbesserte 2011 seine Umsätze um 12 Prozent, in diesem Jahr sollen die Buchungen sogar 25 Prozent über dem Vorjahr liegen. (1), (22), [Abb. 3]

Auf Rang sechs der deutschen Veranstaltergrößen hat sich das Kreuzfahrtunternehmen **AIDA** geschoben. Die Tochter der Carnival-Gruppe dürfte im vergangenen Jahr rund eine Milliarde Euro umgesetzt haben. Im ersten Quartal 2012 stieg die Zahl der AIDA-Passagiere um weitere elf Prozent. (1)

Neben den Branchengrößen verkaufen in Deutschland rund 2 500 kleine und mittelständische Veranstalter an Reisewillige im Lande. Viele von Ihnen sind Spezialisten, die auch ausgefallene Kundenwünsche abdecken. Stark wächst der Marktanteil der sogenannten X-Veranstalter, die Restplätze auf Flugzeugen mit freien Hotelkapazitäten dynamisch paketieren, das heißt online zu einer Pauschalreise zusammenschnüren. Fast acht Prozent des Marktes decken diese Veranstalter bereits ab. (25)

Reiseagenturen

Die ungeliebten und doch unverzichtbaren stationären Reiseagenturen sind stolz auf Rekordumsätze von 22,4 Milliarden Euro (plus 9,5 Prozent) im vergangenen Jahr. Für 14,8 Milliarden Euro haben sie touristische Produkte verkauft, 7,6 Milliarden Euro wurden im Geschäftsreisesegment umgesetzt. Dabei blieb die Zahl der Reisebüros im Großen und Ganzen stabil bei rund 10 200. Deutschland bleibt damit das Land mit der höchsten Reisebürodichte der Welt. (1), (28)

Veranstalter und Leistungsträger würden allerdings liebend gerne auf die Reisebüros verzichten - der Online-Vertrieb wird im Allgemeinen als kostengünstiger angesehen. Die Lufthansa hat beispielsweise vor Kurzem die Bearbeitungsgebühr für

Onlinebuchungen gestrichen, wodurch die Reisebüros nicht mehr in der Lage sind, den gleichen Preis wie im Internet anzubieten, wollen sie am Flugscheinverkauf etwas verdienen. Trotzdem würdigen viele Kunden immer noch die fachkundige, persönliche Beratung durch Reisespezialisten, 35 Prozent aller Reisen werden in Reiseagenturen gebucht. Denn rund neun Stunden muss ein potenzieller Urlauber durchschnittlich vor dem Bildschirm verbringen, bis er die für sich passende Reise gefunden und gebucht hat. Im Reisebüro geht das häufig schneller und einfacher. Beratungsintensive Produkte wie Studien- oder Rundreisen oder auch Kreuzfahrten sind nach wie vor klassische Reisebüro-Verkäufe.(5), (26), (27), (28)

Internet

Der Anteil der Verkäufe im Internet bewegt sich bei etwa 15 bis 20 Prozent, obwohl sich mehr als die Hälfte der Urlauber Informationen über Reiseziele und Angebote aus dem Internet holt. Gemäß Ulysses wurden im Jahr 2011 Reiseleistungen im Gesamtwert von 22,12 Milliarden Euro per Internet gebucht. Fast die Hälfte davon waren Transportleistungen (Flug, Bahn, Mietwagen). (27)

Wachsende Bedeutung für die Reiseorganisation und Durchführung haben Social Media wie Facebook sowie mobile Applikationen gewonnen. Vor allem für

Geschäftsreisende sowie die junge Reisegeneration sind Fahr- oder Bordkarte auf dem Handy ebenso normal wie Hotel- und Restaurantempfehlungen und elektronische Reiseführer.

Der Luftverkehr/Bahnverkehr

Flughäfen

Nur knapp verfehlt wurde die 200-Millionen-Passagier-Marke auf Deutschlands Flughäfen im vergangenen Jahr. Das Lufthansa-Drehkreuz in **Frankfurt** fertigte 56,4 Millionen Passagiere ab, das sind 6,5 Prozent mehr als in 2010. Für zusätzliche Kapazitäten sollen die im Oktober eröffnete vierte Startbahn sowie ein Terminal-Anbau sorgen. Bürgerproteste gegen Fluglärm sowie ein gerichtlich verordnetes Nachtflugverbot zwischen 23 Uhr und 5 Uhr morgens verärgern allerdings die Fluggesellschaften. Hauptkunde Lufthansa droht bereits mit der Verlagerung von Strecken an andere Airports. Trotzdem gehen die Proteste aus der Bevölkerung weiter - nicht weit genug ginge das Start- und Landeverbot und es würden zu viele wetterbedingte Ausnahmen genehmigt. (11)

In **München** wurden 2011 37,6 Millionen Passagiere abgefertigt. Hier stößt der Bau einer dritten Start- und Landebahn ebenfalls auf Proteste. Für Juni ist in

München ein Bürgerentscheid geplant, über den festgestellt werden soll, ob die Mehrheit der Bürger den weiteren Ausbau des Flughafens will. Eine Terminal-Erweiterung ist schon im Bau, um die erwarteten zusätzlichen Fluggäste künftig aufzunehmen. (11)

In **Berlin** wird ebenfalls gegen Fluglärm protestiert und geklagt. Verschoben werden musste der geplante Eröffnungstermin 3. Juni 2012 aber wegen Problemen mit den Brandschutzvorrichtungen des neuen Flughafens. Ziemlich überraschend kam der Stopp nur gut drei Wochen vor der Inbetriebnahme, und noch ist es unbegreiflich, wie dieser Fauxpas überhaupt passieren konnte. Noch ist auch nicht abschätzbar, welche Regressforderungen die Flughafenbetreiber zu schultern haben werden. Denn beide Hauptkunden Lufthansa und Air Berlin müssen Flugpläne ändern und Umbuchungen vornehmen. Die gesamten, minutiös getakteten Umzugspläne sind nun ebenfalls Makulatur. Der neue Hauptstadtflughafen Berlin-Brandenburg-International wird nun erst voraussichtlich im März 2013 an den Start gehen. (39)

Die kleineren Regionalflughäfen Deutschlands kämpfen mit anderen Problemen. Kaum einer, der weniger als 5 Millionen Passagieren im Jahr abfertigt, arbeitet profitabel. Die Abhängigkeit der

Regionalflughäfen von so mancher Billig-Airline wirkte sich im letzten Jahr sehr negativ aus. Denn die Low Cost Fluggesellschaften verlagerten nach der Einführung der Luftverkehrssteuer viele Strecken ins Ausland oder stellten sie ganz ein. Die Zahl der Flugverbindungen von Billigfliegern sank von Sommer 2010 auf Sommer 2011 um mehr als elf Prozent. (11), (37)

Fluggesellschaften

Auch die Fluggesellschaften plagen Probleme. Kerosinpreise in Rekordhöhen, ein ruinöser Konkurrenzdruck durch Billigfluggesellschaften und die Airlines der Golfstaaten sowie Belastungen durch die Luftverkehrssteuer und die geplante Einbeziehung in den Emissionshandel lasten schwer. Um gut 20 Prozent sind die Kerosinkosten gestiegen, über 100 US-Dollar pro Barrel sind normal geworden. Da niedrigere Treibstoffpreise in den nächsten Jahren nicht zu erwarten sind, müssen andere Konzepte gefunden werden, um Kosten zu sparen oder Preiserhöhungen durchzusetzen. Auch 2011 sind über diese Herausforderungen wieder einige Fluggesellschaften gestolpert und mussten Insolvenz anmelden. Im laufenden Jahr wird es sicher zu weiteren Pleiten kommen. (31)

Die **Lufthansa**, bisher Vorzeigeairline in Europa, schaffte im vergangenen Jahr zwar einen operativen

Gewinn von 820 Millionen Euro, musste aber einen Konzernverlust von 13 Millionen Euro hinnehmen. Obwohl der Umsatz im ersten Quartal 2012 um sechs Prozent auf 6,6 Milliarden Euro verbessert wurde, melden die Lufthanseaten einen Verlust von 381 Millionen Euro, mehr als das Doppelte des Vorjahreszeitraums (minus 169 Millionen Euro). Der hohe Kerosinpreis verursachte alleine eine Kostensteigerung um 304 Millionen Euro. Ein umfangreiches Sparprogramm soll bis 2014 1,5 Milliarden Euro zusätzlichen Gewinn bringen. 3 500 Stellen in den diversen Verwaltungsabteilungen sollen zu diesem Zweck wegfallen, sogar Entlassungen sind nicht ausgeschlossen. Strecken sollen gestrichen werden, Germanwings mit Lufthansa Direct Services zusammengelegt werden. Gerüchte sagen, eine neue Billigfluggesellschaft Direct4U ist geplant. (29), (31)

Auch mit dem Sorgenkind Austrian Airlines geht es nicht so recht voran. Ein operatives Minus von 66,7 Millionen Euro in 2011 (Vorjahr: 63,5 Millionen Euro) enttäuschte die Konzernleitung. Da geplante Gehaltskürzungen nicht durchgesetzt werden konnten, soll der Flugbetrieb nun komplett auf die günstiger arbeitende Regionalfluglinie Tyrolean ausgelagert werden. Lufthansa punktete bisher am Markt vor allem mit Qualität, Sicherheit und einem exzellentem Kundenservice. Diese Strategie scheint durch den hohen Kostendruck ins Abseits gestellt zu werden. Denn ziemlich kurzfristig wurden die begehrten Bonusmeilen der Statuskunden entwertet. Ein Vielflieger ist deswegen vor Gericht gezogen - mit Erfolg. Statt mit dem Kunden einen Kompromiss zu suchen hat Lufthansa Einspruch gegen das Urteil eingelegt. In den sozialen Medien hat diese Art der Kundenbehandlung bereits einen Sturm der Entrüstung entfacht. In der jetzigen Situation dürfte dieses Vorgehen kaum hilfreich sein und der gute Ruf der Lufthansa steht auf dem Spiel. (31)

Air Berlin, als zweitgrößte deutsche Fluggesellschaft Erzrivale von Lufthansa schreibt weiter rote Zahlen. Das Geschäftsjahr 2011 wurde mit einem Rekordverlust von 272 Millionen Euro abgeschlossen. Zwei wichtige Schritte sollen Air Berlin nun helfen. Ende 2011 hat die Etihad Airlines aus Abu Dhabi 30 Prozent der Air Berlin Anteile übernommen und damit frisches Geld in die Kassen gebracht. Ende März dann wurde Air Berlin offiziell in die Oneworld-Allianz aufgenommen. Dadurch können Air-Berlin-Kunden Tickets für Strecken der Kooperationspartner wie beispielsweise American Airlines, British Airways oder Qantas direkt bei Air Berlin kaufen. Das über Air Berlin erreichbare Streckennetz hat sich praktisch über Nacht vervielfacht. Ob der Kooperationsbeitritt den gewünschten Nachfrageschub bringen wird, muss sich erst zeigen. (30)

Trotz Fusionen und Zukäufen geht es den europäischen Konkurrenz-Konzernen um British Airways sowie Air France/KLM nicht besser - **Air France** meldete eben einen operativen Quartalsverlust von fast 600 Millionen Euro. Einzig Billigflieger wie Ryanair und Easyjet fliegen weiter akzeptable Gewinne ein. Und eben auch die Konkurrenz von der arabischen Halbinsel. Die hohen Treibstoffkosten belasten aber auch sie, so wie alle anderen Fluggesellschaften weltweit. (31)

Bahnverkehr

Die Bahn erzielte im Vorzeigejahr 2011 bei Umsätzen von 37,9 Milliarden Euro einen operativen Jahresüberschuss von 2,3 Milliarden Euro. Das sind rund 25 Prozent mehr als im Vorjahr. Das Fahrgeschäft lief gut und trug 715 Millionen zum Konzernergebnis bei. Weitere 800 Millionen Euro Gewinn weist der Regionalverkehr aus. Deutlich verbessert ist der Verdienst aus dem Fernverkehr mit 157 Millionen Euro. 1,98 Milliarden Passagiere nutzten die Bahn im vergangenen Jahr - ein Zuwachs von 1,6 Prozent; 79,2 Milliarden Personenkilometer legten sie zurück (plus 0,8 Prozent). (32)

Das Geldverdienen hat offensichtlich höchste Priorität. Dies bestätigte Bahnchef Grube bei der Präsentation der Zahlen - eine Kapitalverzinsung von mindestens zehn Prozent wolle man erreichen, die

Umsätze verdoppeln. Allerdings nicht vordringlich mit der Personenbeförderung, das Logistikgeschäft soll ausgebaut werden. Gleichzeitig soll der Fokus auf zufriedene Mitarbeiter und Kunden sowie den Umweltschutz gelegt werden. Der Laie könnte daraus schließen, dass die Bahn das Verkehrsangebot attraktiver gestalten würde, mehr Abfahrten anbieten, mehr Orte anbinden würde, um möglichst viele Menschen zum Zugfahren zu bringen. Die aktuellen Zahlen widersprechen aber dieser Annahme. Das Angebot schrumpft, vor allem im Fernverkehr. So sind beispielsweise in Bonn 511 Fernverkehrshalte seit 1999 weggefallen, in Koblenz 459, in Dresden 124. Mit einer Reduzierung des Angebots sind die Menschen aber sicher nicht aus dem PKW in die Züge zu locken. (32), (33)

Tourismus in Europa und der Welt

Der grenzüberschreitende Reiseverkehr hat 4,4 Prozent zugelegt. 980 Millionen Ankünfte weltweit meldet der Welttourismusverband für 2011. Mit einem durchschnittlichen Wachstum von drei bis vier Prozent sollen es in diesem Jahr über eine Milliarde Urlauber werden. Vor allem in Europa wurde mehr gereist als erwartet - mit 503 Millionen Urlaubern waren sechs Prozent mehr als 2010 unterwegs. (13)

Uneinheitlich zeigte sich die Situation in Afrika:

während in Nordafrika aufgrund der Unruhen zwölf Prozent weniger Reisende gezählt wurden, stiegen die Ankünfte südlich der Sahara um sieben Prozent. Aufgrund der Unruhen in Tunesien und Ägypten mussten sich kurzfristig acht Millionen Urlauber neue Reiseziele suchen. In Asien ist die Verbesserung der wirtschaftlichen Situation sowie das Heranwachsen einer reiselustigen Mittelschicht Grund für die gestiegenen Urlauberzahlen um sechs Prozent auf 216 Millionen. Dies erstaunt vor allem, da nach Tsunami und Reaktorunglück viele Japaner als Reisende ausfielen. Auf den amerikanischen Kontinenten wurde ein Plus von vier Prozent auf 156 Millionen Ankünfte verzeichnet. Während sich der nordamerikanische Markt eher schwach zeigte, ist in Südamerika eine wachsende Dynamik feststellbar. Zehn Prozent mehr Reisende als im Vorjahr waren auf dem südlichen Kontinent unterwegs. (13), (34)

Auf der ganzen Welt hat der Tourismus eine enorme ökonomische Bedeutung erlangt - Tendenz steigend. Da sich die wirtschaftliche Situation in Schwellen- und Entwicklungsländern kontinuierlich verbessert, wächst der Anteil der Reisewilligen stark an. Dies ist momentan in den BRIC-Ländern Brasilien, Russland, Indien und China gut erkennbar. Der weltweite Tourismus erbringt bereits neun Prozent der globalen Wirtschaftsleistung, mehr ist in den kommenden Jahren zu erwarten. 290 Millionen Menschen weltweit sind in der Touristik tätig. (35)

Mindestens ebenso wichtig sind die nicht-monetären Aspekte des Reisens. Der arabische Frühling und die Tendenz zu mehr Liberalisierung und Demokratie wurden und werden durch die Begegnung mit Besuchern aus anderen Ländern begünstigt. Das Verständnis zwischen verschiedenen Kulturen und Lebensweisen wird gefördert und trägt letztendlich zu einem friedlicheren Miteinander der Weltbevölkerung bei. (35)

Trends

Wie wird es, das Reisejahr 2012? Selbst Experten sind unschlüssig. Deutsche Tourismusanalysten erwarten um drei bis vier Prozent höhere Reiseausgaben. Der Welttourismusverband dagegen ist der Meinung, dass die schlechte Wirtschaftslage in Europa auf Deutschland durchschlagen wird und es zumindest eine Stagnation wenn nicht gar ein geringes Minus geben sollte. Die vergangenen Krisenjahre nach Terroranschlägen, Naturkatastrophen, Krankheitsepidemien, Banken- und Wirtschaftskrisen waren beispielhaft dafür, dass sich der Deutsche kaum vom Reisen abhalten lässt. Zu wichtig ist ihm die jährliche Urlaubsreise geworden. Glaubt man den diversen Umfragen, waren zu Anfang des Jahres schon 57 Prozent der Bundesbürger sicher, 2012 wieder eine Urlaubsreise zu unternehmen, das gleiche Budget wie im Vorjahr steht zur Verfügung. Nur elf Prozent wollen sicher zuhause bleiben. Die Buchungslage scheint den Umfragen Recht zu geben. Schon Ende Januar wurde ein um 4,2 Prozent höherer touristischer Auftragsbestand registriert als 2011. (5), (7), (20)

Warum die großen Touristikkonzerne verhältnismäßig schlecht gebucht sind, hat andere Gründe. Auch wenn Engländer und Skandinavier am liebsten im Internet buchen, so sind die deutschen Urlauber doch ein wenig anders. Die große Reisebürodichte im Land ist ein klarer Hinweis darauf, dass viele Bundesbürger den persönlichen Kontakt und die individuelle Beratung schätzen und honorieren. Und wer einmal in der Warteschleife eines Call-Centers schier verzweifelte, der nimmt den etwas höheren Preis für den geplanten Flug im Reisebüro gerne in Kauf. Jeder Reiseveranstalter ist deshalb gut beraten, wenn er die Präferenzen der Kunden genau im Auge behält. Schauinsland Reisen, FTI und Alltours punkten beim Kunden und im Reisebüro genau deshalb. Trotzdem werden die Buchungen über das Internet und hier in stärker werdendem Maße über mobile Anwendungen weiter steigen. Der einfache Flug von A nach B, das kurzfristig benötigte Hotelzimmer für das kommende Wochenende ist im Web am schnellsten gefunden.

Und auch als Informationswerkzeug noch vor dem Gang ins Reisebüro ist das Internet unschlagbar. Die Kommunikation mit Kunden und Interessenten über Social Media Plattformen wird für jeden Touristiker immer wichtiger. (27)

Bei den Destinationen ist momentan Griechenland das große Sorgenkind. Hat der Bundesbürger Angst, die Drachme könnte zurückkommen? Oder befürchtet er, aus Mangel an öffentlichen Geldern im Hotel nicht mehr verpflegt zu werden? Fakt ist, dass die Griechenland-Buchungen für 2012 sehr zu wünschen übrig lassen. Ob das Griechenland-Geschäft noch gedreht werden kann, hängt vor allem davon ab, ob die geplanten Flugkapazitäten erhalten bleiben oder auf andere Ziele umgeroutet werden. Auch in Ägypten dürfte sich die Situation erst wieder normalisieren, wenn endlich politische Stabilität und demokratische Strukturen gesichert sind.(7), (21)

Zurzeit bringen vor allem die westlichen Urlauber, die Deutschen, Amerikaner, Briten und Franzosen Devisen in die Reisedestinationen der Welt. Aber schon in Kürze werden die Chinesen, die ja großen Reise-Nachholbedarf haben, die Gruppe sein, die mit dem Reisen das meiste Geld ausgibt. Ebenfalls stark steigend sind die Ausgaben der russischen Reisenden sowie der anderen Schwellenländer. (34)

Im Luftverkehr wird der Preiskampf weitergehen, die Treibstoffkosten weiter steigen. Viele

Fluggesellschaften werden so über ihre Grenzen hinaus belastet werden. Der Konzentrationsprozess wird weitergehen, kerosinsparende neue Flugzeuge werden begehrt bleiben. Die Lufthansa muss sich in den kommenden Jahren gehörig anstrengen, will sie mit den erfolgreichen Konkurrenten aus den Golfstaaten mithalten. (31)

Alles in allem wird das Reisejahr 2012 wohl als ein Gutes in die Annalen eingehen, vorausgesetzt es treten keine neuen größeren Katastrophen ein.

Zahlen & Fakten

Abbildung 1: Reiseverkehrsbilanz 2003 - 2012 in Milliarden Euro

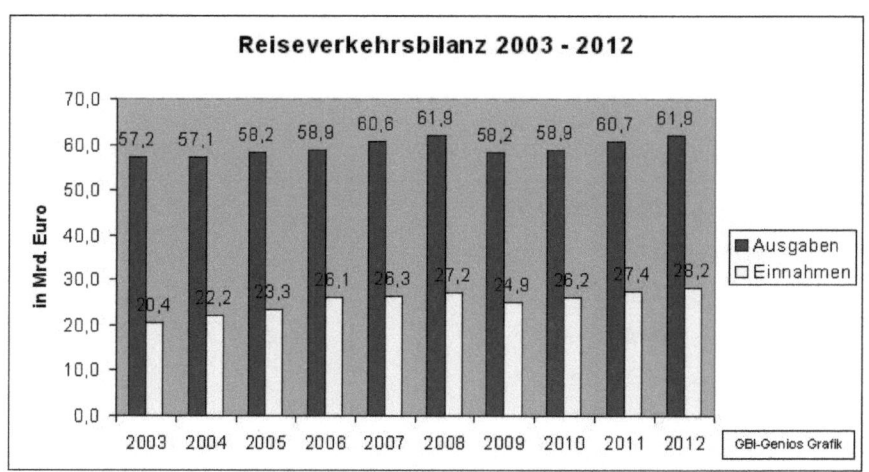

Quelle: Deutsche Bundesbank, Hochrechnung
Commerzbank (2011, 2012) entnommen aus: DRV -
Fakten und Zahlen zum deutschen Reisemarkt 2011,
(1)

Abbildung 2: Die beliebtesten Urlaubsreiseziele der
Deutschen 2011

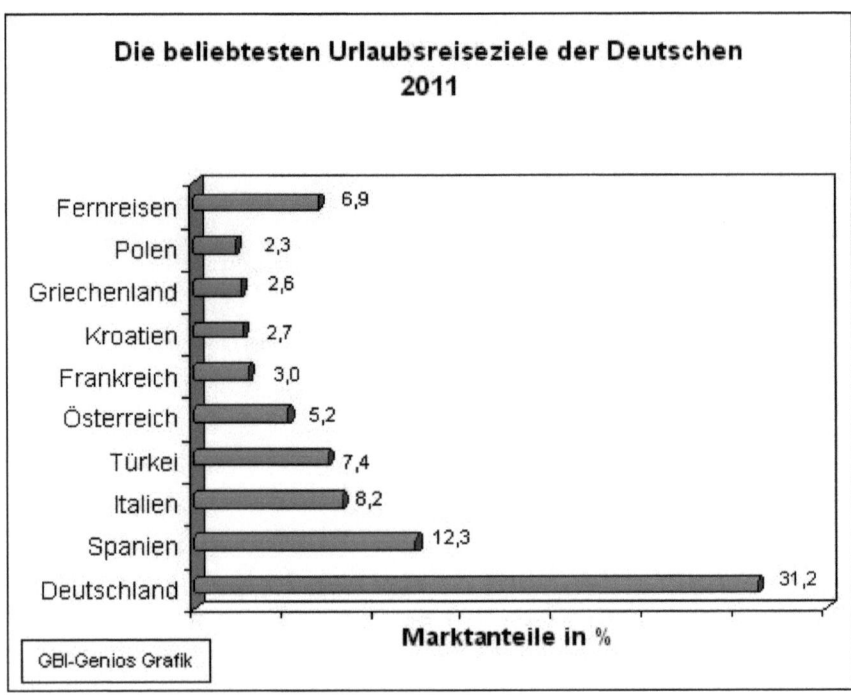

Quelle: Forschungsgemeinschaft Urlaub und Reisen (FUR) Reiseanalyse 2012 entnommen aus: DRV - Fakten und Zahlen zum deutschen Reisemarkt 2011, (1)

Abbildung 3: Deutsche Top Reiseveranstalter nach Marktanteilen 2011

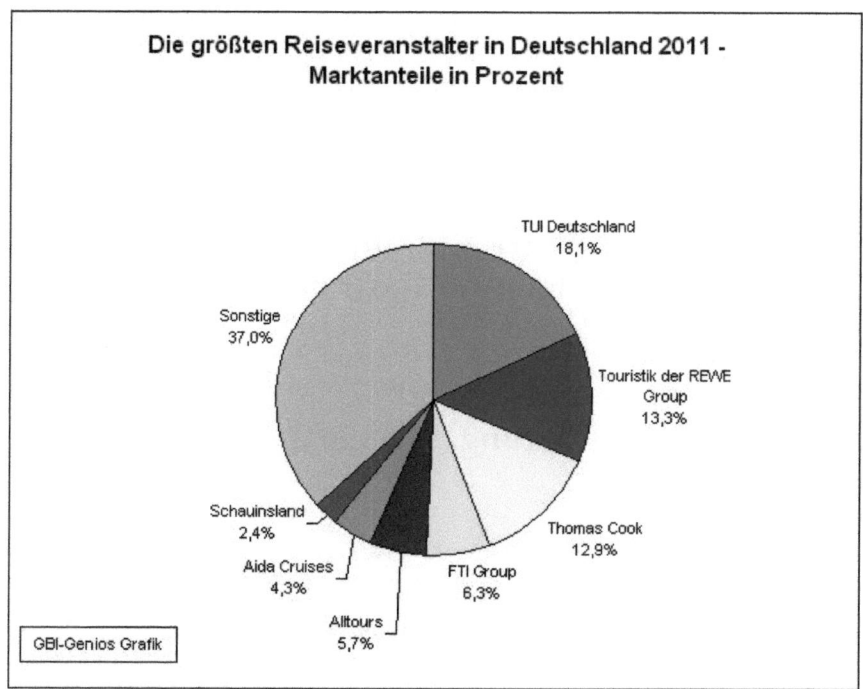

Die größten Reiseveranstalter in Deutschland 2011 - Marktanteile in Prozent

TUI Deutschland 18,1%
Sonstige 37,0%
Touristik der REWE Group 13,3%
Schauinsland 2,4%
Thomas Cook 12,9%
Aida Cruises 4,3%
FTI Group 6,3%
Altours 5,7%
GBI-Genios Grafik

Bezogen auf 23,3 Milliarden Euro Gesamtumsatz der deutschen Reiseveranstalter Quellen: DRV-Berechnungen, FVW-Dossier "Deutsche Veranstalter 2011", Deutsches Reisebüro (DER) - Marktforschung entnommen aus: fvw international, Dossier Deutsche Veranstalter 2011, S. 4

Weiterführende Literatur

(1) Fakten und Zahlen zum deutschen Reisemarkt 2011

aus MM Nr. 018 vom 30.04.2012 Seite 14

(2) Deutsche bleiben r
aus Stuttgarter Zeitung - Stadtausgabe, 18.01.2012, S. 12

(3) Tourismus wichtiger als Banken
aus Allgemeine Hotel- und Gastronomie-Zeitung 10 vom 03.03.2012 Seite 009

(4) "Wer reist, wird abkassiert"
aus Süddeutsche Zeitung, 03.03.2012, Ausgabe Deutschland, S. 27

(5) Wieder Weltmeister
aus Süddeutsche Zeitung, 08.03.2012, Ausgabe München, Bayern, Deutschland, S. V2/6

(6) Erfolgswelle bis Januar
aus fvw Nr. 06 vom 14.03.2012 Seite 061

(7) Viel Eifer - wenig Euphorie
aus fvw Nr. 06 vom 14.03.2012 Seite 024

(8) DEHOGA Zahlenspiegel IV/2011
aus fvw Nr. 06 vom 14.03.2012 Seite 024

(9) Deutschlandurlaub auf Wachstumskurs
aus Allgemeine Hotel- und Gastronomie-Zeitung 12 vom 17.03.2012 Seite 011

(10) ADV Monatsstatistik 12/2011
aus Allgemeine Hotel- und Gastronomie-Zeitung 12 vom 17.03.2012 Seite 011

(11) Flughäfen - In Deutschland wachsen die Großen, die Kleinen leiden
aus GENIOS BranchenWissen Nr. 01 vom 23.01.2012

(12) Occupancy of tourist accommodation surpasses the pre-crisis level
aus GENIOS BranchenWissen Nr. 01 vom 23.01.2012

(13) ITB: Welttourismusorganisation erwartet 2012 erstmals 1 Mrd. Urlauber
aus APA-JOURNAL Touristik vom 08.03.2012

(14) IHA-Report: Hotellerie steht gut da
aus Allgemeine Hotel- und Gastronomie-Zeitung 13 vom 24.03.2012 Seite 001

(15) Deutsche bleiben gern im Land
aus Allgemeine Hotel- und Gastronomie-Zeitung 12 vom 17.03.2012 Seite 009

(16) Die Großen fressen die Kleinen
aus der hotelier - das ideenmagazin in der AHGZ 12 vom 17.03.2012 Seite 006

(17) Direkt auf die Homepage
aus Allgemeine Hotel- und Gastronomie-Zeitung 12 vom 17.03.2012 Seite 003

(18) Große Gastronomen im Aufwind
aus Allgemeine Hotel- und Gastronomie-Zeitung 11 vom 10.03.2012 Seite 012

(19) Die Weltmeister Bundesbürger haben im

vergangenen Jahr 61 Milliarden für Urlaub im Ausland ausgegeben
aus Berliner Zeitung, Ausgabe 57 vom 07.03.2012, S. 10

(20) RA ReiseAnalyse 2012 - Erste Ausgewählte Ergebnisse der 42. Reiseanalyse zur ITB 2012
aus Berliner Zeitung, Ausgabe 57 vom 07.03.2012, S. 10

(21) Deutsche meiden Griechenland
aus DIE WELT, 27.04.2012, Nr. 99, S. 10

(22) START MIT FRAGEZEICHEN
aus fvw Nr. 04 vom 17.02.2012 Seite 030

(23) Branchenreport Ausgabe 2/2011
aus GENIOS BranchenWissen Nr. 11 vom 22.11.2011

(24) Firmen sparen sich die Übernachtung
aus Allgemeine Hotel- und Gastronomie-Zeitung 11 vom 10.03.2012 Seite 011

(25) Deutsche Touristikanbieter auf Rekordjagd
aus Handelsblatt Nr. 048 vom 07.03.2012 Seite 28

(26) Reiseanbieter erwarten ein gutes Jahr
aus WELT AKTUELL, 09.03.2012, Nr. 50, S. 11

(27) Daten & Fakten 2012 zum Online-Reisemarkt
aus WELT AKTUELL, 09.03.2012, Nr. 50, S. 11

(28) Reisefirmen fühlen sich gegängelt
aus Süddeutsche Zeitung, 26.11.2011, Ausgabe Deutschland, S. 28

(29) Stürmische Zeiten

aus DIE WELT, 03.05.2012, Nr. 103, S. 12

(30) Air Berlin wird global
aus DIE WELT, 21.03.2012, Nr. 69, S. 11

(31) Der riskante Kurs der Lufthansa
aus DIE WELT, 21.03.2012, Nr. 69, S. 11

(32) Das Netz beschert der Bahn Rekordgewinne
aus Stuttgarter Zeitung - Stadtausgabe, 30.03.2012, S. 12

(33) Der langsame Rückzug der Fernzüge
aus Rheinische Post Nr. 94 vom 21.04.2012

(34) ITB World Travel Trends Report 2011/2012
aus Rheinische Post Nr. 94 vom 21.04.2012

(35) Die verkannte Weltmacht
aus fvw Nr. 05 vom 01.03.2012 Seite 018

(36) Jobmotor Tourismus boomt
aus DIE WELT, 04.02.2012, Nr. 30, S. 14

(37) Markt für Billigflüge in Deutschland bricht ein
Luftverkehrssteuer - Mit günstigen Tickets haben
Fluglinien wie Easyjet, Ryanair oder Air Berlin das
Reisen revolutioniert. Eine neue Studie dürfte
Alarmstimmung in der Branche verbreiten: Denn
ausgerechnet am Vorabend des Konjunktur-
Abschwungs werden weniger Billigtickets angeboten.
Das Geschäft lohnt sich in einigen Fällen nicht mehr.
aus FINANCIAL TIMES Deutschland

(38) Thomas Cook bekommt mehr Zeit von den Banken Rote Zahlen nach den politischen Umwälzungen im Nahen Osten und einem herben Preiskampf auf dem britischen Reisemarkt PETERBOROUGH. Der angeschlagene Reiseveranstalter Thomas Cook bekommt in seinem Kampf ums
aus Bonner General-Anzeiger, 07.05.2012, S. 7

(39) Berlin muss Flughafen-Eröffnung verschieben aus Süddeutsche Zeitung, 09.05.2012, Ausgabe Bayern, München, Deutschland, S. 1

Impressum

Branchenreport TOURISMUS Ausgabe 1/2012

Bibliografische Information der deutschen Nationalbibliothek

Die Deutsche Nationalbibliothek verzeichnet diese Publikation in der deutschen Nationalbibliografie; detaillierte bibliografische Daten sind im Internet über http://dnb.d-nb.de abrufbar.

ISBN: 978-3-7379-1940-1

© 2015 GBI-Genios Deutsche Wirtschaftsdatenbank GmbH, Freischützstraße 96, 81927 München, www.genios.de

oder ähnliche Einrichtungen und die Einspeicherung und Verarbeitung in elektronischen Systemen.